NICHTS

Sonja Raab

Impressum

Bibliografische Information der Deutschen Nationalbibliothek: Die Deutsche Nationalbibliothek verzeichnet diese Publikation in der Deutschen Nationalbibliografie; detaillierte bibliografische Daten sind im Internet über dnb.dnb.de abrufbar.

© 2017 Sonja Raab
Herstellung und Verlag:
BoD – Books on Demand, Norderstedt
Grafik & Design: HAIKU24 Stefan Wolfschütz

ISBN: 9783741298684

tauche durch den ozean des weltalls
atme die galaxien des meeres
singe die lieder der unendlichkeit
schwinge in wellenbewegungen
aus den tiefen des meeresgrundes
empor zum funkeln der sterne

schwebe tonnenschwer durch dunkle stille
bewege flossen-schlagend elemente
tosende brandung am rand des universums
trage das alte wissen in meiner seele
verschwinde in den weiten des seins
und hinterlasse sehnsucht nach freiheit

DIE ESSENZ

Haiku ist für mich die Reduzierung auf das Wesentliche. Die Essenz eines Tages, eines Erlebnisses, eines Moments. Man erarbeitet sich ein Haiku, um es dann so einfach und leicht daherkommen zu lassen. Nach jahrelangem Bemühen, 5-7-5 Silben einzuhalten, erscheint es mir mittlerweile wichtiger, ein fließendes Haiku natürlich aussehen zu lassen, als mich an starre Regeln zu halten. An Zweizeiler konnte ich mich erst spät gewöhnen, aber seit ich es zulasse, empfinde ich Zweizeiler manchmal natürlicher als unnötige Wörter für drei Zeilen zu suchen.

Obwohl Vergleiche im Haiku nicht gerne gesehen sind, kann ich das Haiku an sich am besten mit Vergleichbarem beschreiben. Es ist wie mit einem Gänseblümchen. Es ist da, es wächst dem Himmel entgegen, es ist unscheinbar, man sieht es vielleicht erst auf den zweiten Blick und ist dann überrascht darüber, wie lieblich es aussieht, wenn man es genauer betrachtet, welche Heilkräfte es hat, obwohl es nur so klein und unwichtig erscheint. Manche bemerken es nicht einmal, so unauffällig ist es. Versucht man, dieses Gänseblümchen genau zu beschreiben, muss man ins Detail gehen, die Essenz finden. Die Blütenblätter, die Farben, den Stiel und die Eigenschaften, die diese kleine Blume besitzt. Es richtet sich wieder auf, wenn man darauf tritt. Auch ein Haiku erschließt sich nicht für jeden. Es öffnet sich dem, der es genauer betrachtet.

Die Regeln zu lernen, um sie dann zu vergessen, diese Empfehlung von Basho habe ich unabsichtlich verinnerlicht. Ich habe die Regeln tatsächlich vergessen. Umso schwieriger empfinde ich es, jemandem zu erklären, was Haiku ist. Ich kann es nicht erklären. Es ist einfach da. Ich spüre, wenn es gut ist. Ich spüre auch wenn es nicht gut ist. Das ist, wie mit Omas Gulasch. Oma hat wohl irgendwann einmal ein Rezept dazu gehabt. Später hat sie ihr Gulasch ohne Rezept gemacht. Irgendwann wusste sie einfach, wann es gut ist. Gegessen wurde es so oder so. Und ich veröffentliche bestimmt nicht nur gute Haiku, sonst wäre es ziemlich still um mich.

Ein Haiku ist für mich niemals fertig. Es ist in Bewegung, kann sich auch nach Jahren verändern. Ich habe keinen Besitzanspruch auf ein Haiku. Ich erlebe einen Moment und wie mit einem Foto versuche ich, diesen Moment fest zu halten, was natürlich unmöglich ist. Auch auf einer Fotografie fehlt ein Oben und ein Unten und ein Links und Rechts. Das Foto zeigt nur einen Ausschnitt. Der Rest entsteht im Kopf des Lesers.
Ich mag es, gemeinsam mit anderen Haijin an einem Haiku zu arbeiten. So entsteht viel kreativer Raum, der genutzt werden kann, um sich weiter zu entwickeln.

NICHT HANDELN

Wenn ich erkennen will, was richtig und was falsch ist, brauche ich nur die Kraft zu beobachten. Woher kommt die Kraft? Wohin geht sie? Und was bewirkt sie? Ich handle dann für eine kurze Zeit nicht, sondern sehe nur zu. Ich lasse die Dinge laufen. Ich lasse komplett los, stelle mich daneben und schaue, was passiert. Wie wirken die Dinge aufeinander? Die Menschen? Die Worte? Die Taten? Die Handlungen? Woher kommen sie, wohin gehen sie und was bewirken sie? Entsteht Freude, Liebe, weitere Kraft? Oder verpufft die Kraft im Nichts? Oder wirkt sie manipulierend, zerstörend, verletzend? Wenn ich wissen will, was richtig und was falsch ist, dann beobachte ich eine Weile nur. Erst DANN entscheide ich, ob ich eingreifen möchte, was ich bewirken möchte, ob ich daran teilhaben will oder nicht. Nehme ich meine Kraft heraus? Gebe ich meine Kraft in diese Situation? Bewirke ich positive Veränderung? Oder vermehre ich nur die Manipulation, die Zerstörung, die Verletzung? Auch indem man nicht handelt, kann man etwas tun. Manchmal ist NICHT-HANDELN eine sehr gute Handlung.

NICHTS WEITER

schwarze schatten an den wänden
kreischend und um sich schlagend bis…
hoffnungslosigkeit und zu wem? wohin?
ach „du bist ne starke frau" du schaffst das schon
und wenn nicht…
wer weiß das schon?
ein auto rast auf die graue mauer zu
und blitze zucken am himmel -die kinder…
das kannst du nicht machen…
tränen auf der fahrt nach hause - wer bin ich denn schon
wer bin ich denn
wer bin ich
bin ich?
wer?
ich?
die zeit läuft, bleibt nicht stehen,
es tickt und weht und geht
und die tränen sind vertrocknet,
aufstehen, weitergehen, nicht aufgeben,
nicht zurück schauen, immer weiter gehen,
weiter und weiter,
bis die knie zittern und die lippen beben
und man aus dem gröbsten dreck draußen ist,
immer weiter und weiter
und plötzlich ein stück von der sonne im herzen
und spüren und wissen und machen und lachen
und es geht, es geht, es geht!
von selber!
den kopf ein stückchen höher

und brust raus und ohren steif,
stolz sein und bewusst sein und gesund
und glücklich sein und DANKE in den himmel schreien
und wissen, dass es weiter geht.
von selbst.
leben trägt und bringt und schenkt und lacht …
einfach nur annehmen und danke sagen.
das ist es, genau das
und nichts weiter…

nichts.

REISE INS NICHTS

Begleitet von Pottwal, mit einer roten Schnur um den Bauch, festgebunden am Weltenbaum, ziehe ich los.
Wal taucht mit mir unter, wir tauchen bis an den Grund der Tiefsee, in absolute Dunkelheit. Es scheint nichts mehr um uns zu sein, außer Dunkelheit und Wasser.
Ich spüre Tiere, um uns herum, aber ich kann sie nicht sehen. Der Raum ist so Rabenschwarz, dass er zu verschwinden scheint, und in dem Moment als ich das erkenne, dehnt er sich plötzlich aus und wird zu Weltall.
Wal schlägt mit seiner Flosse einmal, und wir rauschen durch Sterne und Weltraum.
Unendlichkeit macht sich breit.
Eine ganze Weile schwimmen wir so dahin, als es plötzlich immer weniger Sterne werden, und es immer schwärzer wird.
Dieselbe Rabenschwärze, wie in der Tiefsee.
Hier spüre ich auch keine Lebewesen mehr. Kein Wasser das an mir vorbeirauscht, auch keine Luft. Ich spüre gar nichts, außer der Flosse, an der ich mich festhalte, während wir durch das Schwarz … schwimmen? … fliegen?
Als ich gerade bemerke, dass auch hier der Raum zu verschwinden scheint, dehnt er sich plötzlich aus und alles wird weiß um mich herum.
Und da ist nichts mehr.
Kein Raum. Ich frage Wal, ob er mich zum Wesen des Nichts führen kann?
Aus dem Nichts taucht plötzlich ein kleiner Lichtfunke auf.
Er bittet mich, in ihn hinein zu schlüpfen, also schlüpfe ich in das Wesen hinein.

Und als ich in dem Wesen drin bin, ist plötzlich ALLES da. Da sind Seen und Wolken, Sterne und Tiere, Menschen und Geräusche, Licht und Dunkelheit, Lärm und Melodie, Farben und Stille… alles wild durcheinander.
Ich erkenne plötzlich, dass das Wesen des Nichts das ALLES ist!
Ich bedanke mich bei dem Wesen und gehe zurück zu Wal. Der kleine Lichtfunke schwirrt davon und verschwindet im Nichts.
Ich grinse Wal an und er dreht um und wir schwimmen zurück, dem roten Faden folgend bis zum Weltenbaum.

ÜBER DIE KRAFT

Ich behalte meine Kraft bei mir. Worte sind Kraft. Gedanken sind Kraft. Ich behalte meine Worte bei mir. Richte meine Aufmerksamkeit auf Dinge und Menschen, die mir gut tun. Da wo Liebe ist, wo Geborgenheit ist, wo es sich gut anspürt, da denke ich hin. Ich schimpfe nicht über Menschen, die ich nicht mag. Das ist Kraft die ich in eine falsche Richtung schicke. Ich behalte böse Worte bei mir. Spreche sie nicht aus. Lasse schlechte Gedanken vorbeiziehen. Wie Wolken am Himmel. Schaue kurz hin und lass sie weiter ziehen. Beachte sie nicht. Schenke ihnen keine Kraft.

Reinige mich, gebe täglich die Klamotten des Tages zur Wäsche, nehme Salz in die Hände und wenn ich Dusche, dann lasse ich alles in das Salz fließen, was nicht zu mir gehört, was nicht rein ist, was nicht gut tut. Lasse alles ziehen, was mich bremst und hindert. Alles, was schmerzt und was ungute Gefühle verursacht. Achte auf mich und meine Kraft und meine innere und äußere Reinheit. Gebe das Salz in den Ausguss und bitte darum, dass es wo hinkommen möge, wo es niemandem schadet.

Mache, was meiner Seele gut tut. Sonnenlicht einatmen, singen, tanzen, in Milch und Rosenblüten baden, mit den Kindern lachen, Tiere streicheln, wandern gehen, bewusst wahrnehmen. Ich lasse mir Zeit. Ich nehme mir die Zeit, die ich brauche, um einen gesunden Geist zu behalten. Alles was nicht zu mir gehört, atme ich aus. Rechts atme ich weiß ein, links schwarz aus. Ich hole alle Energiefäden die ich gesponnen habe, zu mir zurück. Wie Oktopus- Arme.

Ziehe mich zurück. Gehe in die Stille. Horche, was mein Herz zu sagen hat. Weine. Tränen reinigen und treiben den Motor des Herzens an. Sie bringen Bewegung, die Fortschritt und Entwicklung ermöglicht. Wenn ich traurig bin, lehne ich mich an einen Baum. Bäume sind Freunde. Sie halten und schützen und geben Kraft. Sie hören zu.

Ich richte mich auf. Fühle die Verbundenheit mit Mutter Erde. Gehe barfuß. Berühre die Erde. Spüre den Draht nach oben, die Verbindung zu Gott. Lasse die Erdenkraft von unten durch meine Zehen in mich fließen und von oben die Himmelskraft durch meinen Scheitel. Fülle mich mit Kraft aus allen Richtungen. Hole zu mir, was mir zusteht. Und dann gehe ich aufrecht nach vorne. Schaue nicht nach hinten. Gehe einfach immer weiter nach vorne. Die Ahnen helfen und schieben von hinten.

Ich zweifle nicht an mir. Ich bin aus dem göttlichen Funken entstanden. Ich bin würdig, einzugehen unter sein Dach.

Und egal, was rund um mich herum geschieht, entscheide ich mich heute wieder für die Liebe. Ganz bewusst. Weil es keinen anderen Weg für mich gibt. Ich habe mich mein ganzes Leben lang immer und immer wieder für die Liebe entschieden. Nicht, weil ich die Welt so rosa sehe, sondern weil ich die Welt liebe. Weil ich aus der Liebe heraus geboren bin, weil ich alle Entscheidungen aus Liebe heraus entschieden habe, weil es für mich selbstverständlich ist, auch in den dunklen Zeiten, oder gerade dann.

Es ist meine Entscheidung, ob ich hasse oder liebe. Ob ich mich in ein Gefühl der Ohnmacht und Wut fallen lasse, oder ob ich bewusst in einen Raum gehe, wo ich noch immer einen Funken Licht gefunden habe. Ich schaue nicht weg. Ich schaue hin und dann entscheide ich mich für den lichtvollen Weg. Ich stecke den Kopf nicht in den Sand. Ich gehe aufrecht und erfülle meine Aufgabe hier. Es ist meine Entscheidung, welchen Weg ich wähle. Ich bin nicht der passive Zuschauer. Ich kann aktiv sagen: "Mein Ziel ist das Licht"- und dann gehe ich darauf zu.

DIE MITTE DES KREISES

Mein Vorsatz vor 20 Jahren war, die Essenz eines erlebten Tages zu finden und in 5-7-5 Silben auszudrücken. Wenn ich heute die ersten Haikus nochmal lese, schmerzt es mich, wie holprig sie klingen. Auch wenn ich beinahe jedes Haiku einem Erlebnis zuordnen kann und mich gerne an diesen Moment erinnere. Sie sind steif und zu sehr aufs Zählen reduziert. Erst als ich aufhörte, die Silben zu zählen, begann ich Haiku zu schreiben. Bis heute kenne ich kaum die Fachausdrücke und Regeln und unterschiedlichen Arten von Gedichtformen. Ich schreibe aus dem Bauch heraus. Ich merke wohl selbst, wenn ein Haiku grottenschlecht ist, manchmal wird noch was draus, wenn ich es ein Jahr später nochmal betrachte und einiges verändere. Manchmal landet es im virtuellen Mülleimer. Und manche Haikus sind so zeitlos und so gut gelungen, dass sie mir jahrelang Freude bereiten.

Als Mitglied der deutschen Haikugesellschaft hatte ich die Ehre einen Wettbewerb als Jurymitglied zu erleben. Ich durfte 247 Haikus bewerten. Zwei andere Jurymitglieder ebenfalls. Ich war sehr gespannt, wie die anderen zwei Mitglieder entscheiden würden und ob ich wohl die selbe Auswahl treffen würde, oder eine komplett andere Vorstellung davon hatte, was gut war und was nicht. Interessent fand ich, dass man sich ein einziges Haiku aussuchen durfte, das man hinterher kommentieren sollte. Und ich suchte mir exakt das Selbe Haiku aus wie eines der beiden anderen Jurymitglieder. Aus über 240 Haikus ein Einzelnes herauszupicken, ist schon eine gewaltige Aufgabe. Aber dann auch noch das Selbe auszuwählen wie jemand Anderer, das war für mich der Gipfel der Faszination. Ich staunte nicht schlecht. Wie also sollte man jemandem kurz und bündig Haiku erklären, der sich nie damit beschäftigt hat? Haiku ist eine Wissenschaft. Man trainiert jahrelang und erlebt immer noch Überraschungen. Es ist, als würde man ein Leben lang versuchen, den perfekten Kreis zu malen.

Als Administratorin der „Haiku-Bühne" auf Facebook suche ich täglich in den Weiten des Internets nach einem Haiku das vor den Vorhang geholt und auf der Bühne veröffentlicht wird. Seit einigen Jahren schreibe ich zu bestimmten Themen Haikus in „haiku-like" auf Facebook. Ich nehme an Kukai- Wettbewerben teil, erinnere mich an gute und schlechte Zeiten in Foren, Werkstätten und auf verschiedensten Internetseiten. Ich darf meine Mundarthaikus bei Claudia Brefeld veröffentlichen, bin in einer virtuellen aber spürbaren Freundschaft seit vielen Jahren mit Ramona Linke verbunden, die ich für ihre Ruhe und Gelassenheit bewundere. Lerne von Ralf Bröker und mag seinen Kukai-Blog, aber auch das Gendai-Haiku und seine modernen Versionen, die mir noch nicht so ganz erschlossen sind, aber mich berühren. Dietmar Tauchner und seine „Bregengemme- Seite" finde ich sehr inspirierend und kreativ. Die Seite „ziemlichkraus.de", die auf eine unkomplizierte und witzige Art erklärt, was Haiku NICHT ist, ist für mich immer wieder ein Pool, in dem es viel zu entdecken gibt.

Und während rund um mich herum das Leben sprudelt, versuche ich noch immer, den perfekten Kreis zu malen. Und mitten im Zentrum des Kreises ist …

NICHTS.

NICHTS ALS HAIKU

dein fragender blick

auf grauen wellen schaukelt

eine flaschenpost

zwischen den schwemmhölzern

– winterwärme

drei schwarze punkte

in der weite des landes

nichts sonst

klirrende tassen

zwischen zucker und milch

ein haiku

im leder des blasebalgs

risse

am strand

durch das buch blättert

der wind

flimmernder asphalt

papas daumen klopft

auf das lenkrad

sonnenwarm

dein lächeln nach dem biss

in die tomate

klostertour

am eingang der alte

einsiedlerkrebs

im flüchtlingscamp

die strahlenden augen

des teddybären

lehrmädchen

der atem des chefs

in ihrem nacken

zehn stunden

grau-weiß-grau-weiß-grau-weiß-grau

abfahrt rostock

zwischen zwei bäumen

mit den wolken

ziehen

schlag für schlag

das herz aus eisen

falscher schmuck

ihr lächeln

ist echt

kinderlachen

quer durchs haus

eine spur aus wald

almfest

das leise bimmeln

der akeleien

mathearbeit

auf dem baum

die krähe schweigt

der gehängte

ich ziehe

nochmal

billardkugeln

der blond gelockte jüngling

von damals

im briefkasten

ein maikäfer versucht

sein glück

die letzten meter

zikaden am wegesrand

klatschen beifall

achtzig neue nachbarn

an meiner haustür

frisches fladenbrot

tagebuch

so viele seiten

leer

hinter dem fels

auf gemsen und gletscher blickt

ein nackter arsch

besuch vom sohn

ich winke

aus allen fenstern

der geruch

seite für seite

kindheit

almhüttenzauber

mein vierzehnjähriger liest

vierhundert seiten

unterwegs zur alm

der alte mann mit stöcken

überholt uns

heuwiesenduft

auf dem tisch vor der hütte

plastikblumen

mein universum

zwischen wasser und land

2800 meter

kuhglockenhimmel

und kein empfang

holundersterne

auf dem gartentisch

aleister crowley

in der wachau

hinter dem verkaufsstand

polnische kisten

die melodie

auf meinem lungenflügel

du weinst

paulchens zimmer

im staubsaugerbeutel glitzert

sternenstaub

contenance

die haare der frau

links kurz

führerscheinprüfung

unterm tisch mein kaugummi

vom letzten mal

hannibal lecter

hinter mir das atmen

des hundes

ice ice baby

auf dem weg zum dorfladen

der neue walkman

bei mc donalds

das geflügel wartet schon

unterm gartentisch

mit den zehen

das linoleum berühren

„wo ist mein kind"?

unendliche weite

ein sennenhund versinkt

im schnee

apfelkuchen

auf dem fensterbrett

die hauskrähe

tintenspur

die fallenden blätter

im gegenlicht

bunter herbstwald

im fluss spiegelt sich

ein goldgelber kran

blinde fenster

auf dem weg zum gehöft

gräser im asphalt

weite

am ende des grau

blau

unbewegte see

so viel nichts

am ende der ferne

newsticker syrien:

das leer stehende zimmer

betrachten

im »la luna«

die miene des gegenübers

verfinstert sich

papas schweigen

scheit für scheit landet die wut

im keller

im rückspiegel

der mann ohne hut

rennt mit dem wind

vorm elternhaus

das stampfen des hammerwerks

nur noch in mir

an der grenze

zum felsigen hang

der türkenbund

deine haare

am boden das röntgenbild

löffel für löffel

bärlauchwald

der fels im fluss

smaragdumspült

die stille

lady uhura

der graue drehsessel

im kinderzimmer

glühwürmchen

in der bierflasche perlt

kerzenlicht

sternenblätter

die wipfel ziehen kreise

kichern

papas gutenachtkuss

kratzt

toooor!

ich hebe die masche

über die nadel

ein schrei –

das licht der morgensonne

im kreissaal

du

am horizont mein atmen

stufe für stufe

oma schiebt brennholz

nach oben

im eiscafe

dein schatten schmilzt

frösteln

die fähre setzt über

ins nichts

die bettdecke

hochgezogen

bis ans ufer

die jahre –

nun musst du dich bücken

für ein küsschen

minus sechzehn

der mond knirscht

mit den zähnen

morgenrot –

im rückspiegel entschwindet

die heimat

lichterloh

an diesem sommermorgen

dein haar

sechs uhr morgens

die blasmusik marschiert

mich aus dem traum

vor tagesanbruch

zwei krähen treffen sich

zum frühstück

weisse vorhänge

weh`n aus der alten villa

und klaviermusik

im küchenofen

seit vielen jahren nur noch

kalte asche

entgegenkommen

im schnee von gestern

dein schuhabdruck

tagesanbruch

eine zille gleitet

in den sonnenspiegel

milchiges mondlicht

auf nackter haut

erschöpftes schweigen

aprilwetter

ich reisse den oktober

vom kalender

null grad

der kachelofen und ich

winken aus dem fenster

der alte baum

vor der zahnarztpraxis

blätter wackeln

schweben im wasser

den betongrauen himmel

kreuzt ein reiher

ausweichmanöver

am grund der pfütze

ein froschkindergarten

schwarze berge

vor dem fenster

scheppern perchten

meeresweiten

das bewegte blau und grau

deiner augen

gekräuselt

dein tiefes wasser

still

zu dritt am fenster

von den blüten der linde

tropft das leben

die kleinen sessel

nur der bundespräsident

ist neu

ihr silbernes lächeln

ich schaue

aus dem fenster

im wartesaal

ein fuß wippt schneller

inmitten der stille

der klang von fallenden

flocken

kaffeekränzchen

der kuchen

bleibt sitzen

entrümpelung

meine schatten betrachten

im blinden spiegel

rosenweihrauch

die bärtigen mönche

windschattenküsse

auf einer insel vor uns

das frauenkloster

die hetze am stammtisch

ich esse schneller

stacheldraht

ich lebe großvaters traum

von freiheit

weihnachtssammlung

das hundehaufenfoto

bekommt mehr likes

träumende finger

zwischen schatten und licht

kreisen am leintuch

ein großes stofftier

zwischen butter und kaffee

im einkaufswagen

kalter steppenwind

im wettergegerbten arm

der erste schrei

kinderlachen

verlassen zittert

ein grashalm

federwolken

meine gedanken bleiben

am berg

nachtschattengrün

ein baum wächst in seine form

der alte stubentisch

und wieder dreht sich darauf

ein kreisel

schokolade raus

vierundzwanzig türchen wieder

sorgsam verschlossen

lostag

in der stille des waldes

knirschende schritte

zwischen axthieben

am fensterglas der hütte

eisblumenzauber

grenzgängerin

unter der daunendecke

so gut wie nichts

zwischen geschmiedeten sicheln

vollmondhämmern

blechblasinstrumentenreparateur

der strick des »hangman«

knarzt

erwachsene kinder

der christbaum

wird kleiner

für den rahmen meines seins

sprengstoff

knisterndes feuer

über kalten kacheln

gestrickte socken

WELTENWEITEN

An einer Wand aus milchig weißem Licht

schaukeln tausend dunkle Blätterschatten

still im Wind.

In deiner Hand die Lilienblüte bricht

in glitzernd spitze Spiegelscherben,

in der Ecke weint ein Kind.

Umgeben nur von dunklem Land,

du siehst den Himmelsbogen nicht,

ein Irrlicht leuchtet dir den Weg.

Du stehst am Rand,

der schwarze See bricht schwach das Licht,

ein moosbewachs`ner morscher Steg.

Deine Schritte, tiefer, tiefer,

in das dunkle Wasser gleiten,

in deinen Augen:

– raumlos

– traumlos

Weltenweiten ...

DIE LETZTE MELODIE

da spielte ich die letzten melodien

auf meinem lungenflügel

und tausend spiegelscherben

zeigten mir, was einmal war.

da schwebte ich durch weissen weiten raum

und spürte deine tränen kaum,

da wurde alles eng und schwarz und fratzen lachten

und die weltenfrau war mir ganz nah.

»willst du schon gehn?«

das kinderlachen hat mich umkehrn lassen

zurück, zurück! wir brauchen dich doch noch!

und als ich dich an meiner liegstatt weinen sah,

da war ich blaugestochen und ich verschwand

in einem schwarzen loch.

auf meinem lungenflügel spielte ich

die letzte melodie

und deine tränen tropften in mein haar.

ich wachte auf, ich weinte mit dir

und fand mein leben plötzlich wunderbar.

DIE WELT

die welt

spiegelte sich

in einer träne

die noch an der wimper hing

und als sie

durch ein zwinkern dann

zu boden ging

war es zu spät

das spiegelbild zu retten

und auf einen thron

zu betten

LEOPARDENGRINSEN

wie konntest du nur

mit leopardengrinsen

kleine schlaflosigkeiten

in mein leben streuen

und dann

mit zynischem bedauern

einen tropfen einsamkeit

aus meinen augenwinkeln

wischen

DIE AUTORIN

Biographie:

Sonja Raab, geboren in Opponitz im Ybbstal, Niederösterreich am 11.8.1975

Sternzeichen Löwe, Aszendent Löwe

Mutter von drei Kindern – 94, 96, 2007

Verheiratet mit Mattias – geb. 1985

1 Hund, 2 Katzen

Autorin und Kolumnistin „Raabenweib" und Serien- „Herzhex" des Mostviertel Magazins MoMag

Zahlreiche Veröffentlichungen in verschiedensten Zeitschriften und Kalendern, Anthologien und Magazinen, sowie im Internet

Co-Administratorin der „Haiku-Bühne" auf Facebook

Co-Administratorin der „haiku-like" Gruppe auf Facebook

Gründerin und Administratorin der Mostvietler Dialektgruppe auf Facebook mit 1300 Mitgliedern

Mitglied der deutschen HaikuGesellschaft

Schamanin, Steinschleiferin, Künstlerin, gelernte Kellnerin, ehemalige Tagesmutter

2. Platz „Woman Award" 2012 für soziales Engagement in der Flüchtlingshilfe

Gründerin des „Schenkraumes" und Organisatorin jährlicher Weihnachts-Sammlungen für die Opponitzer Flüchtlingsfamilien

Bücher:

Die Mitte finden und Innehalten | mb Verlag

Das Flüstern der Geister | Epikur

Sakra | Edition Schreiblöwe

Die Wenderin – eine schamanische Reise vom Ybbstal nach Kanada und retour| Ennsthaler Verlag

Homepages:

HOMEPAGE: www.raabenweib.de

HAIKU UND LYRIK: sonjaraab.jimdo.com

DER WALDPLATZ: waldplatz.jimdo.com

STEINSCHLEIFEREI: steinschleiferin.jimdo.com

DER SCHENKRAUM: schenkraum.jimdo.com